LA GRANDE IMAGERIE DES SUPER-HÉROS

CW01619631

BATMAN™

Conception
Jacques Beaumont

Texte
Sabine Boccador

Batman est un personnage créé par Bob Kane.

FLEURUS

FLEURUS ÉDITIONS, 15-27, rue Moussorgski, 75018 PARIS
www.fleuruseditions.com

QUI EST BATMAN ?

Batman est un célèbre super-héros qui apparaît en 1939 dans la bande dessinée *Detective Comics,* publiée par DC Comics. Contrairement à d'autres super-héros, Batman ne possède pas de super-pouvoirs. Celui qui se cache sous le masque de chauve-souris et le costume aux couleurs sombres se nomme Bruce Wayne. C'est un homme d'une très grande intelligence, très entraîné physiquement, qui cherche par tous les moyens à éliminer les criminels de la ville de Gotham pour assurer la sécurité de ses habitants.

L'enfance de Bruce Wayne

Fils de Thomas et de Martha Wayne, le petit Bruce grandit dans le manoir Wayne, situé dans la banlieue fortunée de Gotham. Il y mène une enfance heureuse jusqu'à ses 8 ans, âge où sa vie bascule, un soir où la famille Wayne rentre chez elle après être allée au cinéma. Traversant la célèbre Allée du Crime de Gotham, les parents de Bruce sont assassinés par un truand avec une arme à feu. Le meurtrier prend la fuite.

Le petit Bruce jouant avec son père et sa mère dans le manoir Wayne.

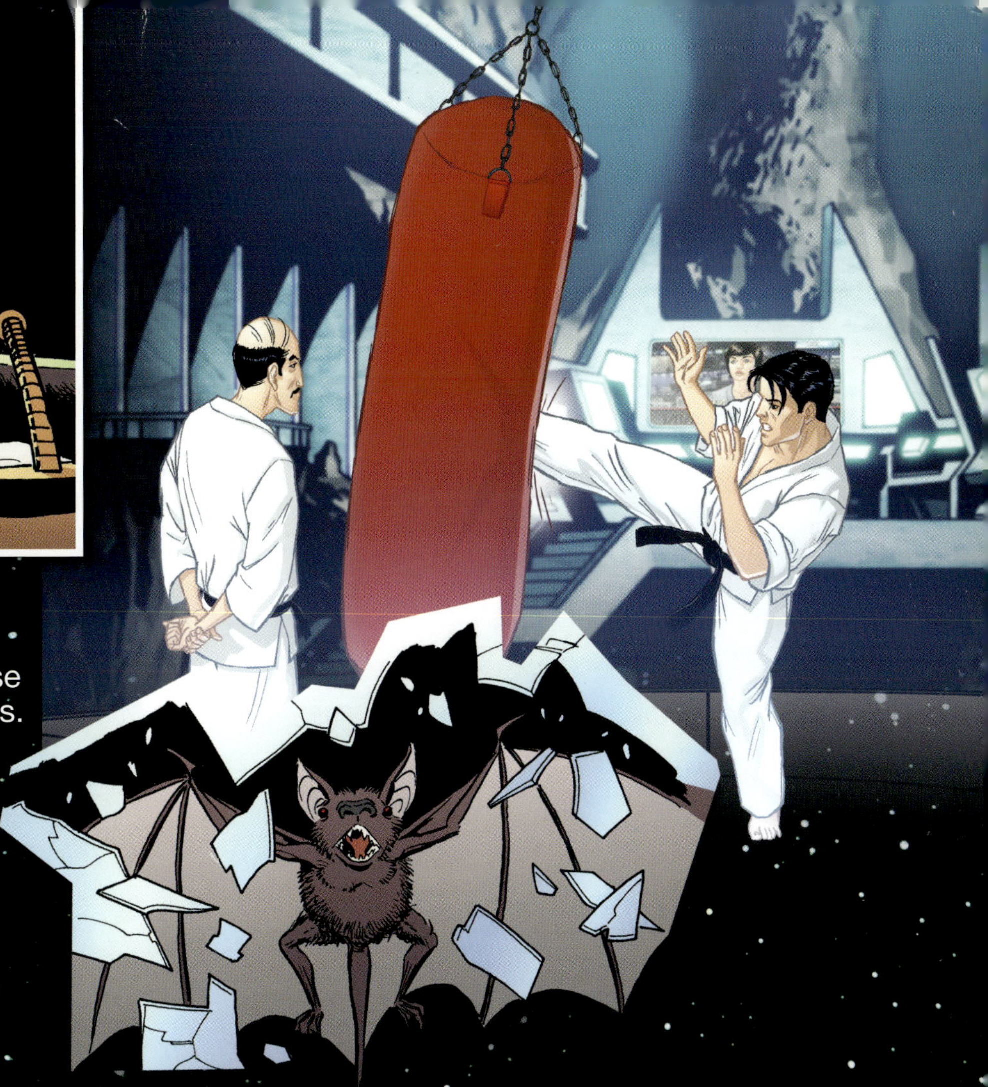

Une solide formation

e petit Bruce, traumatisé, se fait alors la promesse e débarrasser Gotham de ses nombreux criminels. Il est élevé par Alfred Pennyworth, le fidèle majordome de la famille. Il prend aussi pour modèle Leslie Thompkins, une amie proche des Wayne. Dès l'âge de 14 ans, Bruce part en voyage autour du monde pour étudier la chimie, la criminologie, la médecine légale, les arts martiaux, la gymnastique et la ventriloquie. Il fréquente les grandes universités européennes et les maîtres en arts martiaux les plus réputés.

La naissance de Batman

De retour à Gotham, Bruce Wayne, vêtu en habits civils, manque de perdre la vie lors de sa première mission dans les bas quartiers de la ville. En voyant qu'une chauve-souris déboussolée traverse une fenêtre du manoir Wayne, Bruce a l'idée de se créer un costume de chauve-souris pour terroriser les criminels. C'est ainsi que naît Batman, un justicier masqué aux facultés physiques et mentales poussées à leur maximum.

Un playboy oisif

Aux yeux du monde, Bruce Wayne se présente comme un homme fortuné, oisif et charmeur. Il se montre dans les soirées mondaines au bras des plus grandes beautés de Gotham. Mais ce n'est en réalité que pour mieux cacher son identité de justicier. Il arrive à Bruce ou à Batman de tomber amoureux, mais ces relations ne sont jamais de très longue durée.

LE COSTUME DE BATMAN

Les couleurs sombres du Bat-Costume offrent un camouflage idéal la nuit, permettant à Batman d'apparaître et de disparaître à sa guise. Elles visent aussi à effrayer les criminels. Fabriqué avec des fibres synthétiques ultrarésistantes comme le Nomex et le Kevlar, ce costume protège le héros des balles, des lames et des températures les plus extrêmes. Il est même conçu pour résister au feu. La Bat-Ceinture est une merveille de technologie. Elle contient tout l'attirail nécessaire à Batman pour combattre le crime.

Le Bat-Symbole

Sur la poitrine de Batman, le Bat-Symbole en forme de chauve-souris est noir et parfois cerné de jaune selon les époques. Comme il est souvent pris pour cible, son blindage est renforcé.

Les bottes sont très souples et antidérapantes.

La Bat-Ceinture

La Bat-Ceinture est l'élément indispensable à Batman pour se tirer de toutes les situations. Elle est à la pointe de la technologie et contient de nombreux gadgets : mini-ordinateur, micro-caméra numérique, kit de premier secours, menottes, stylo-torche, kit de criminologie, boîte à outils et plus encore. Pour se déplacer entre les toits de Gotham, Batman utilise un pistolet grappin avec un treuil qui remonte le justicier en quelques secondes.

La cape

Par-dessus le justaucorps, qui est souvent dans les tons gris foncé, la cape noire en forme d'ailes de chauve-souris protège Batman du feu. Lestée de plomb, elle lui sert d'arme pour frapper ses ennemis. Quand elle se gonfle en prenant une forme semi-rigide, elle permet au héros de planer.

Les gants sont équipés d'ailerons tranchants.

Les armes de la Bat-Ceinture

Traumatisé par le meurtre de ses parents, Batman n'utilise jamais d'armes mortelles. Les célèbres Batarangs sont des projectiles en métal en forme de chauve-souris qu'il lance comme un couteau ou un Frisbee. Les capsules explosives rendent provisoirement sourd et aveugle. Le spray anesthésiant provoque des pertes de connaissance.

Le nouveau costume

Le costume le plus récent de Batman est gris et noir. La ceinture est jaune doré. L'écusson sur la poitrine représente une grande chauve-souris noire.

LA BATCAVE

Alors qu'il n'est encore qu'un tout jeune enfant, Bruce Wayne tombe accidentellement dans une caverne située sous le manoir Wayne et se retrouve dans la terrifiante compagnie des chauves-souris. C'est le souvenir de cette mauvaise expérience qui l'incite, devenu adulte, à faire de cette caverne sa Batcave. Cette pièce immense, qui est toujours le refuge des chauves-souris, devient son quartier général, un lieu où il se recueille, travaille et s'entraîne. C'est aussi la Batcave qui abrite les fameuses Batmobiles et plusieurs autres véhicules.

À l'abri de la Batcave

La Batcave est un repaire secret. Seuls Batman, son majordome Alfred, Robin, Batgirl et d'autres alliés y ont accès. Cela n'empêche pas l'intrusion ponctuelle de certains criminels. On y pénètre par plusieurs passages secrets, l'un d'entre eux étant dissimulé derrière l'horloge du manoir. La porte dérobée s'ouvre lorsque les aiguilles de l'horloge indiquent l'heure à laquelle les parents de Bruce Wayne ont été assassinés : 22 h 47. Il existe également un accès caché derrière la montagne permettant à la Batmobile d'entrer et de sortir discrètement : la porte est un hologramme représentant une chute d'eau.

Histoire de la Batcave

Bien longtemps avant que Bruce Wayne ne la découvre, la Batcave a été utilisée par les ancêtres de la famille Wayne. Elle servait alors d'entrepôt ou de lieu de passage des esclaves en fuite lors de la guerre de Sécession.

La Batcave est située tout au fond de ce trou.

Un lieu d'entraînement et de souvenirs

C'est dans la salle de sport que Batman s'entraîne régulièrement pour entretenir sa forme physique. La salle des trophées, où trône une reconstitution de tyrannosaure rex grandeur nature, commémore les moments importants de la carrière du Chevalier Noir. Une vaste bibliothèque est également à la disposition de Batman.

Un lieu de lutte contre le crime

La Batcave est un lieu où Batman peut être pleinement lui-même et d'où il peut opérer en toute tranquillité pour mener sa guerre contre le crime. Elle sert de laboratoire de criminologie. Batman y étudie tous les indices lui permettant de vaincre ses ennemis.

Un lieu de haute technologie

L'endroit le plus stratégique de la Batcave est le Bat-Ordinateur. C'est une machine très sophistiquée et performante dont le système de connexion et de réseau offre à Batman une mine d'informations, lui permettant d'être toujours au fait de ce qui se passe tant du côté de ses ennemis que de celui de ses alliés.

LES VÉHICULES DE BATMAN

La Batcave sert aussi de garage pour la collection de Batmobiles du Chevalier Noir et pour les autres véhicules qu'il utilise. Difficile, en effet, d'imaginer Batman sans sa fameuse Batmobile au profil de chauve-souris, qui est une arme redoutable pour lutter contre le crime. La Batcave abrite notamment la Bat-Moto, le Batplane et le Bat-Bateau. Pour mettre au point et perfectionner tous ces véhicules, qui évoquent toujours le justicier masqué dans leur aspect, Batman utilise les technologies des entreprises Wayne.

La Batmobile

La Batmobile est une voiture ultraperformante. Elle est généralement de couleur noire, ce qui permet à Batman de prendre les criminels par surprise. Elle peut atteindre une vitesse de plus de 400 km/h. Son revêtement ultrarésistant dévie les projectiles. Ses vitres et son pare-brise sont blindés. Ses sièges sont éjectables. Increvables et résistants aux flammes, ses pneus adhèrent aux surfaces glissantes. La Batmobile est munie de nombreux gadgets et d'armes (projectiles, grappins, fumigènes et plus encore). Elle peut être commandée par la voix et dispose d'un ordinateur et d'une radio permettant à Batman de communiquer avec ses alliés et de faire des recherches.

La Bat-Moto

La Bat-Moto est très rapide et permet à Batman de se faufiler dans les ruelles les plus étroites de Gotham. Ses pneus sont increvables et antidérapants. Son pare-brise est blindé et sa stabilité exceptionnelle.

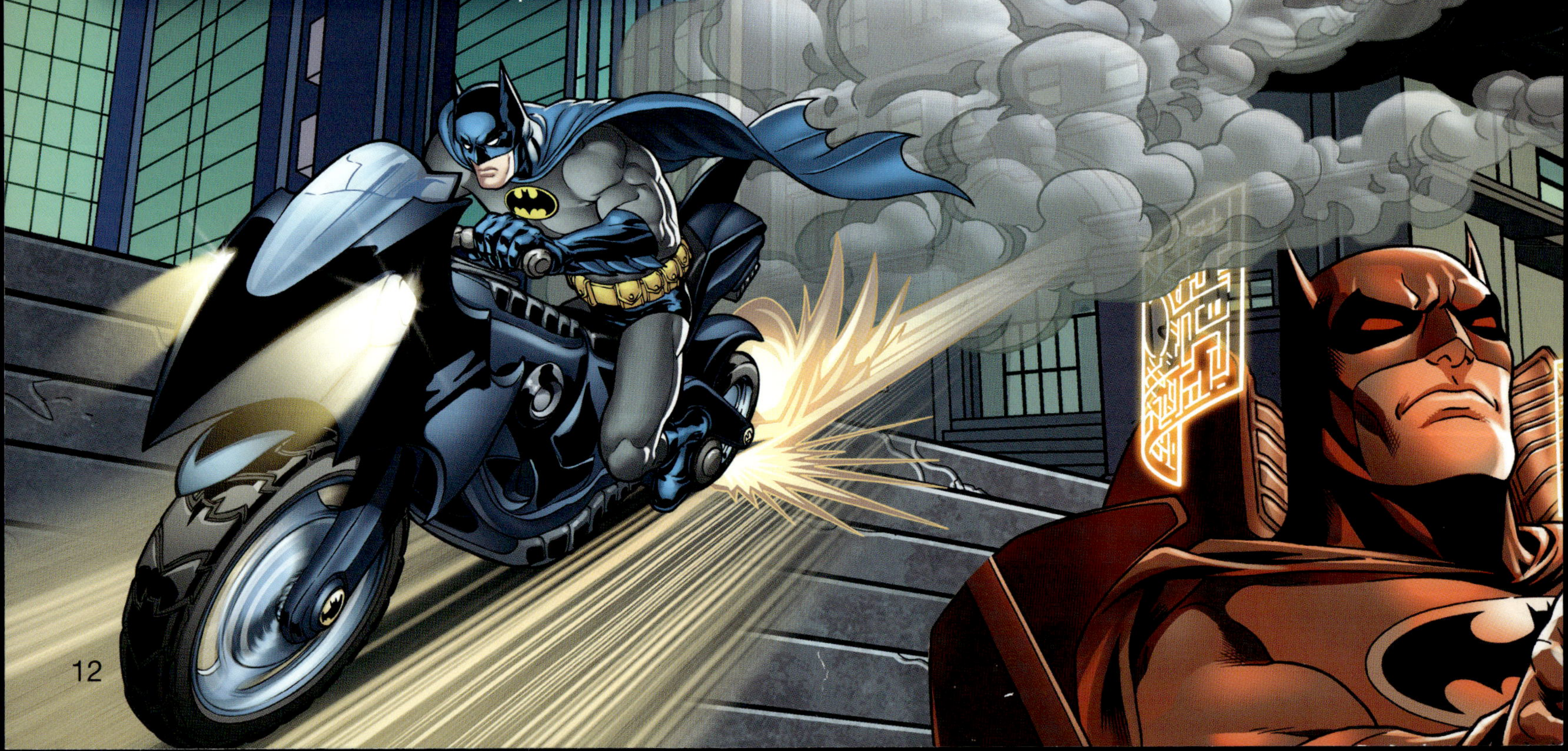

Le Delta-Bat

Ce deltaplane motorisé est un moyen efficace pour Batman de survoler les gratte-ciel de Gotham et d'avoir un bon aperçu de ce qui se passe tout en bas. De plus, il peut surprendre les criminels.

Le Batplane

Pour se déplacer dans les airs sur de longues distances, Batman utilise le Batplane. De couleur noire, il a l'apparence d'une chauve-souris et décolle ou atterrit verticalement. Il est équipé d'un mini-ordinateur, d'une radio, d'un kit médical de secours et d'une petite réserve d'armes.

Le Bat-Jetski

Capable d'atteindre une vitesse de 150 km/h, cette moto marine permet au Chevalier Noir de se déplacer rapidement sur les eaux et d'approcher discrètement l'ennemi.

Le Bat-Bateau

Pour se déplacer sur l'eau, Batman utilise le Bat-Bateau, insubmersible, qui peut se transformer en vedette, beaucoup plus légère et rapide. Il abrite dans sa soute un sous-marin et un Bat-Jetski.

GOTHAM CITY

Située sur la côte est des États-Unis, Gotham, qui est l'un des surnoms de New York, est une ville américaine imaginaire servant de décor aux aventures de Batman. Elle est caractérisée par une architecture gothique et Art déco datant du XIXe siècle et par des gratte-ciel modernes. Faite de contrastes, elle abrite aussi bien les familles les plus riches, comme celle des Wayne, que les vagabonds les plus démunis. Le taux de criminalité y est très élevé. Heureusement, Batman est là pour protéger les innocents !

Le commissariat central

Sur le toit du commissariat central de Gotham, le commissaire Gordon, allié de Batman, fait installer le Bat-Signal, un projecteur à l'effigie de la chauve-souris, qui lui permet de faire appel au Chevalier Noir quand la police a besoin de son aide.

Le No Man's Land

L'histoire récente de Gotham est marquée par un terrible tremblement de terre, qui détruit une grande partie de la cité. Mais le gouvernement américain refuse son aide à Gotham et l'isole du reste du pays. La ville devient donc le No Man's Land. Les criminels la plongent dans la déchéance, tandis que Batman se bat pour tenter de la sauver. Finalement, c'est Lex Luthor, ennemi de Superman et riche homme d'affaires de Metropolis, qui va financer la reconstruction de Gotham.

Wayne Enterprises

Bruce Wayne est à la tête d'une immense fortune. La firme Wayne Enterprises, dont le siège est dans la tour Wayne, regroupe de nombreuses filiales à travers le monde et fournit à la ville une grande partie de ses emplois. Elle permet aussi de financer discrètement tout l'équipement de Batman. La firme participe également à la reconstruction de Gotham après le tremblement de terre.

L'asile d'Arkham

C'est dans l'asile d'Arkham, un lieu véritablement cauchemardesque, que les fous et les criminels capturés par Batman sont enfermés. Le Joker, Poison Ivy, Double-Face et bien d'autres se retrouvent dans les sombres cellules de l'asile dont ils s'échappent régulièrement. Car il est hors de question pour Batman, traumatisé par l'assassinat de ses parents, de leur ôter la vie.

LES ALLIÉS DE BATMAN

Même si le Chevalier Noir opère souvent seul, il trouve un appui auprès de ceux qui font partie de la Famille Batman, comme Alfred Pennyworth, son fidèle majordome, toujours prêt à lui venir en aide. Sans le soutien du commissaire Gordon, Batman serait recherché par la police corrompue de Gotham. Batgirl, elle, est sa jeune coéquipière féminine. Si Barbara Gordon est la Batgirl d'hier et d'aujourd'hui, elle a remis le costume, pendant sa paralysie, à d'autres jeunes filles.

LE COMMISSAIRE GORDON

Transféré de la police de Chicago à celle de Gotham, Jim Gordon intègre une équipe corrompue et découvre une ville rongée par la criminalité. Cet homme droit est d'abord le seul à soutenir Batman dans son désir de faire régner l'ordre. Une fois nommé commissaire, Gordon parvient à changer l'état d'esprit de ses collègues.

ALFRED PENNYWORTH

D'origine anglaise, Alfred est le majordome de la famille Wayne. À la mort des parents de Bruce, il prend en charge l'éducation de l'enfant. Par la suite, Alfred reste fidèle aussi bien à Bruce Wayne qu'à Batman, dont il devient le bras droit. En charge de l'intendance du manoir Wayne et de la Batcave, il se transforme en homme à tout faire. Ses connaissances médicales lui permettent même de soigner le Justicier de Gotham quand il est blessé.

BATGIRL

Celle qui endosse le costume de Batgirl se nomme Barbara Gordon. C'est la fille adoptive du commissaire Gordon. Elle se lance, toute jeune, dans une carrière de justicière à l'insu de son père et aide Batman dans son combat contre le crime. Jusqu'au jour où, blessée par balle par le Joker (p. 21), elle perd l'usage de ses jambes. Elle devient ensuite Oracle, un agent de renseignement des super-héros. Depuis peu, après une opération chirurgicale lui permettant de quitter son fauteuil roulant, Barbara Gordon a repris l'identité de Batgirl.

LA LIGUE DE JUSTICE

Batman s'associe également de temps en temps aux super-héros de la Ligue de Justice, dont les membres fondateurs sont Superman, Wonder Woman, Flash, Aquaman, Green Lantern, Cyborg et lui-même. Avec Superman, la relation n'a pas toujours été facile, mais ils forment tous deux, aujourd'hui, un duo de choc pour combattre le crime.

LES DIFFÉRENTS ROBIN

Difficile d'imaginer Batman sans son acolyte Robin. Ce jeune héros fait lui aussi partie de la Famille Batman. Tout comme le Chevalier Noir, Robin n'a pas de super-pouvoirs, mais il maîtrise la technique des arts martiaux et possède un costume et un équipement au top de la technologie. Plusieurs jeunes garçons et une fille se sont succédé dans le rôle de Robin. Tous ont en commun le fait d'avoir vécu un drame dans leur enfance, comme la perte de leurs parents, ou d'avoir côtoyé de près l'univers du crime de Gotham.

JASON TODD

Alors qu'il est à la recherche d'un nouveau Robin, Batman surprend Jason en train d'essayer de voler les pneus de la Batmobile. Il décide de faire de ce jeune garçon doué son partenaire, mais son caractère trop rebelle finit par lui poser problème. Parti à la recherche de sa mère, Jason se fait piéger et tuer par le Joker (p. 21), au grand désespoir de Batman. Plus tard, il revient d'entre les morts sous le masque de Red Hood.

DICK GRAYSON

Dick est le tout premier Robin. Recueilli par Bruce Wayne après l'assassinat de ses parents trapézistes, il découvre que Bruce est Batman. Ensemble, ils forment le Dynamique Duo et luttent contre le crime. Après l'adolescence, Dick devient Nightwing, un héros à part entière, qui continue à faire équipe avec Batman.

TIM DRAKE

Âgé de 13 ans, Tim est un garçon très perspicace qui parvient à découvrir l'identité de Batman et de Robin. Après la mort de Jason Todd, il propose à Batman de devenir son partenaire. Ce qu'il obtient, non sans mal. Après l'assassinat de ses parents, il est adopté par Bruce Wayne. Aujourd'hui, Tim œuvre sous le nom de Red Robin.

STEPHANIE BROWN

Fille d'un escroc, Stephanie devient l'héroïne, nommée Spoiler, qui tente de contrer les plans criminels de son père. Pendant une brève période, elle endosse le costume de Robin avant de redevenir Spoiler.

DAMIAN WAYNE

Damian est le fils que Talia al Ghul, la fille du criminel Ra's al Ghul (p. 23), a eu de Batman, et dont elle ne lui a jamais révélé l'existence. Ce jeune garçon âgé de 10 ans a été élevé par sa mère et son grand-père, qui veulent en faire un vengeur violent. Batman le prend sous sa protection et tente de modérer ses pulsions. Alors que le Chevalier Noir est donné pour mort, Dick Grayson prend sa relève, avec Damian comme nouveau Robin. Aujourd'hui, Damian œuvre aux côtés de son père.

LES ENNEMIS DE BATMAN

Batman a fort à faire pour protéger les habitants de Gotham des actions criminelles des vilains. La liste de ses ennemis est longue, car la ville est corrompue à bien des niveaux. Certains d'entre eux sombrent dans la folie criminelle après un accident grave. D'autres cherchent à se venger de ceux qui les ont humiliés pendant leur enfance. D'autres encore ont un goût démesuré du pouvoir. Après avoir été capturés par Batman, ils sont enfermés à l'asile d'Arkham, dont ils s'échappent souvent.

Double-Face

Harvey Dent est un procureur, allié de Batman et du commissaire Gordon, jusqu'au jour où, en plein tribunal, un gangster asperge son visage d'acide, le défigurant en partie. Désormais, la personnalité du procureur, devenu Double-Face, est divisée en deux, l'une où le bon côté l'emporte et l'autre dédiée au crime. Pour savoir s'il doit faire le bien ou le mal, il s'en remet au hasard en lançant une pièce de monnaie à deux côtés « face », dont celui qui est hachuré représente le mal.

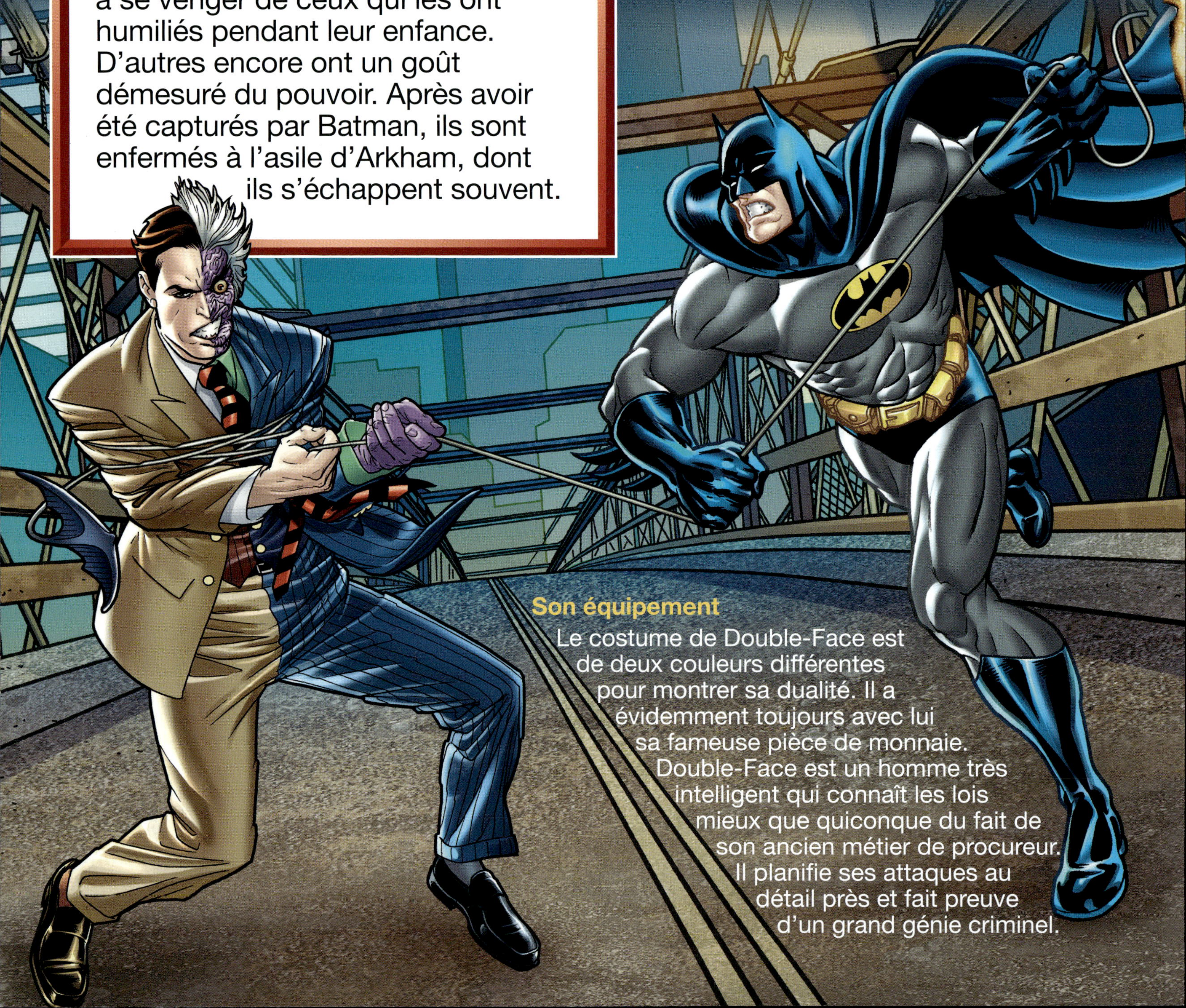

Son équipement

Le costume de Double-Face est de deux couleurs différentes pour montrer sa dualité. Il a évidemment toujours avec lui sa fameuse pièce de monnaie. Double-Face est un homme très intelligent qui connaît les lois mieux que quiconque du fait de son ancien métier de procureur. Il planifie ses attaques au détail près et fait preuve d'un grand génie criminel.

Le Joker

Ce comique raté tombe un jour dans une cuve de produits chimiques alors qu'il tente de cambrioler une usine de cartes à jouer. Il porte le masque rouge de Red Hood, un chef de bande, et cherche à échapper à Batman. Ce bain chimique blanchit sa peau, verdit ses cheveux et fige ses lèvres en un rictus écarlate. Le Joker sombre alors dans une véritable folie criminelle, qui l'incite à vouloir régler leur compte à Batman et à ses proches.

D'autres armes

Parmi les armes qui ne sont pas mortelles et qui sont plutôt destinées à faire rire, l'imprévisible Clown du Crime utilise notamment le pistolet BANG, le pistolet coup de poing, un faux œil qui libère de la fumée et un faux dentier.

Un clown dangereux

Équipé d'armes à feu, de gaz hilarant, de poignées de main électriques et mortelles, de lames et d'une fleur à eau projetant de l'acide, il n'hésite pas à tuer ses adversaires. C'est ainsi qu'il assassine plusieurs personnes de l'entourage de Batman.

LE PINGOUIN

Petit, corpulent et doté d'un nez crochu, Oswald Chesterfield Cobblepot, dit le Pingouin, subit les brimades de ses camarades de classe durant son enfance. Il prend sa revanche en devenant l'un des grands chefs de gang de Gotham. Son night-club, La Banquise, permet à ce passionné des oiseaux de dissimuler des trafics d'armes et de marchandises. Cela ne l'empêche pas d'être l'informateur de Batman quand il veut nuire aux autres criminels.

Son équipement

Le Pingouin porte un costume chic et un monocle sur l'œil droit. Son arme principale est son parapluie, ou plutôt ses parapluies, qu'il emploie pour combattre ses ennemis. Il possède aussi un parapluie à hélice, qui lui permet de s'envoler et d'échapper à Batman.

Ra’s al Ghul

Vivant depuis des siècles grâce aux bains de jouvence qu’il prend dans la source des puits de Lazare, Ra’s al Ghul, surnommé la Tête du Démon, n’hésiterait pas à sacrifier l’espèce humaine pour sauver l’équilibre écologique de la Terre. Son armée de serviteurs est dirigée par sa fille, Talia. Ra’s al Ghul est même prêt à répandre des virus mortels ou à utiliser des armes biochimiques pour parvenir à ses fins. Ayant repéré Batman pour ses qualités exceptionnelles, il ne supporte pas que celui-ci s’oppose à ses actions criminelles.

L’ÉPOUVANTAIL

Rejeté à l’école et surnommé l’Épouvantail par ses jeunes camarades, Jonathan Crane devient professeur de psychologie et se spécialise dans les phobies. Il se venge de ses ennemis en les aspergeant d’un gaz qui provoque de terribles hallucinations et une peur panique. Il porte un costume d’épouvantail tout à fait effrayant.

Harley Quinn

Alors qu'elle travaille en tant que psychiatre à l'asile d'Arkham, Harleen Quinzel tombe amoureuse de l'un de ses patients, le terrible Joker. Elle l'aide à s'évader à plusieurs reprises avant d'être à son tour enfermée dans une cellule. Cette jeune femme enjouée mais dangereuse se rebaptise Harley Quinn et enfile un costume d'arlequin pour assister le Joker dans ses plans machiavéliques.

Catw

Poison Ivy

À la suite d'expériences dont elle est le cobaye, la biochimiste Pamela Isley se transforme en une créature mi-femme, mi-plante vénéneuse, surnommée Poison Ivy. Elle a le contrôle absolu sur la flore qu'elle défend aux dépens des humains. Cette « belle plante », qui envoûte les hommes, est une spécialiste des poisons. Elle est souvent capturée par Batman, le seul être qu'elle ne parvient pas à dominer, et s'entend très bien avec Harley Quinn.

oman

Encore adolescente, Selina Kyle s'échappe de l'orphelinat où elle était maltraitée pour devenir Catwoman, une cambrioleuse très acrobatique, qui s'intéresse surtout aux bijoux et aux œuvres d'art évoquant les félins. Si Batman ne cautionne pas ses activités de voleuse, il tombe cependant sous le charme de la belle, d'autant qu'elle n'hésite pas de temps à autre à lui prêter main-forte pour capturer des criminels beaucoup plus dangereux. Catwoman est tout aussi rapide et agile que ses amis les chats. Avec ses gants armés de griffes métalliques et son fouet à neuf queues, elle semble parvenir à se tirer de toutes les situations.

Killer Croc

Waylon Jones souffre d'une maladie rare de la peau qui lui donne l'apparence d'un crocodile : sa peau est verte et écailleuse et ses dents sont redoutables. Cette maladie et les moqueries qu'il subit en permanence le rendent particulièrement violent et dangereux. Dans un cirque, il combat à mains nues un crocodile, ce qui lui vaut le surnom de Killer Croc. Batman intervient pour stopper sa soif de tuer. La peau de Killer Croc est tellement dure qu'elle est insensible aux coups de couteau et aux armes à feu. Sa force est surhumaine et ses sens sont très développés.

Mister FREEZE

La vie du brillant savant Victor Fries bascule le jour où sa femme tombe gravement malade. En attendant de trouver un remède, il la met en hibernation. Mais il la tue accidentellement et tombe dans une solution réfrigérante qui le change en glaçon vivant. Condamné à porter une armure pour maintenir son corps à très basse température, Mister Freeze, armé de son congélo-canon, n'hésite pas à combattre ceux qui s'interposent entre lui et l'argent dont il a besoin pour financer les recherches lui permettant de ressusciter sa bien-aimée.

BANE

Ce fils de criminel grandit en prison. Réputé pour sa résistance et sa volonté de survivre, il sert de cobaye à l'armée, qui lui injecte un sérum destiné à décupler sa force musculaire. Soudain doté d'une grande puissance physique, Bane parvient à s'échapper de prison et met tout en œuvre pour piéger Batman. Il finit par lui briser le dos, le laissant paralysé, mais pour un temps seulement.

Le Sphinx

Edward Nigma, dit le Sphinx, est un spécialiste des énigmes et des devinettes. Cet Homme-Mystère n'est pas forcément violent, mais il fait des cambriolages en s'amusant à laisser derrière lui des indices complexes, que seul Batman est en mesure de déchiffrer. Le Sphinx, à l'intelligence géniale, est l'un des rares vilains à avoir deviné l'identité réelle du Chevalier Noir. S'il est capable de lui tendre des pièges mortels, il accepte parfois de collaborer sur des enquêtes difficiles. Il porte généralement un costume vert et un chapeau où figure un point d'interrogation.

Gueule d'Argile

L'acteur Basil Karlo est la vedette d'un film d'horreur. Ne supportant pas que le film soit refait sans lui, il se venge en prenant l'identité du tueur du film, Gueule d'Argile, et tente d'assassiner les acteurs et l'équipe de tournage. Heureusement, Batman et Robin interviennent. Plus tard, Basil Karlo découvre le moyen de se transformer en un monstre d'argile.

Composé de boue argileuse, Gueule d'Argile peut prendre l'apparence qu'il souhaite. Il a aussi la capacité de modeler ses victimes. Batman utilise souvent des capsules qui libèrent du givre pour geler son ennemi.

TABLE DES MATIÈRES

QUI EST BATMAN ? **6**

LE COSTUME DE BATMAN **8**

LA BATCAVE **10**

LES VÉHICULES DE BATMAN **12**

GOTHAM CITY **14**

LES ALLIÉS DE BATMAN **16**

LES DIFFÉRENTS ROBIN **18**

LES ENNEMIS DE BATMAN **20**

MDS : 661088
ISBN : 978-2-215-14242-3
© FLEURUS ÉDITIONS, 2014
Dépôt légal à la date de parution.
Conforme à la loi n° 49-956 du 16 juillet 1949
sur les publications destinées à la jeunesse.
Imprimé en Italie (10-14)

Copyright © 2014 DC Comics.
BATMAN and all related characters and elements are trademarks of and © DC Comics.
(s14)

Tous les dessins du présent ouvrage ont été créés pour DC Comics
et publiés par DC Comics.

TM & © DC Comics.
(s14)

FLEURUS

TM

TM & © DC Comics.
(s14)